숲으로 출근하는 남자

숲으로 출근하는 남자

宗山 남해인 시집

작가의 말

숲과 함께 한 33년,
아니 40년 세월을
글로 하나하나 담아 보았습니다.
농고 임업과, 농과대학 산림과학과
그리고 산림청 공무원으로 살아온
흔적을 남겨 봅니다.

밝은 빛
잠시나마 어두웠던 그늘
그래서 행복했던 순간순간…
가슴의 흔적으로 나누어 보았습니다.

전문 작가는 아니지만
솔향기처럼 글향기로도
당신의 마음에 남고 싶습니다

사랑합니다.
감사합니다.

2023년 12월 해 저문 날
宗山 남해인

작가의 말 · 5

1부
/
묘시卯時에 뜬
무지개

조팝나무 꽃 · 15

3월의 함박눈 · 16

묘시卯時, 무지개 · 17

풀내음 · 18

빨강 우체통 · 19

새벽 안갯길, 아기 고라니 · 20

처서處暑 · 21

한가위 달에도 그림자가 · 22

가을 문턱에 · 23

노루궁뎅이 버섯 · 24

가늘게 내리는 노란 눈 · 25

계방산 바위 · 26

가을 꽃씨 · 28

겨울나무는 · 29

나무의 삶 · 30

무인도 향기 · 31

물아지랑이 · 32

밤사이 내린 하얀 눈 · 33

버들강아지 인사 · 34

버들강아지 · 36

별이 빠진 계곡 물소리 · 37

별님의 친구가 되어 · 38

사랑하는 별님 · 40

새순 · 41

아침 햇살 · 42

입춘 한파 · 43

비 맞은 전나무 · 44

잠에서 깬 개굴 · 45

노란 복수초 · 47

바람이 차가워 진다 · 48

대한大寒이 집에 내린 비 · 50

진동계곡 · 51

하늘 별님과 · 52

2부
/
사랑은
사랑산
연리목처럼

가을옷 입은 나무 · 55

사랑산 사랑나무 · 56

산양삼 새싹 · 57

악어봉에서 · 58

가을 문턱에서 · 59

나무의 가르침 · 60

두타산 운해 · 61

바위 이끼 위에 전나무 삼남매 · 62

산림 공무원은 · 64

산바람 · 65

새벽을 여는 소리 · 66

숲 속 아침 공기 · 68

숲은 · 69

은행나무의 가을 · 70

녹색 가득 품은 숲 · 71

고목古木 넘어지다 · 72

참나무야 이겨내라 · 74

큰 길가 무궁화 · 76

3부
/
비 오니
행복한
당신

3월의 눈 · 81

4월의 어느 하루 · 83

강릉 옥계 동해 산불현장 · 85

강풍이 돌아갔어요 · 86

별 헤는 밤이 싫어 · 88

비 오니, 행복한 당신 · 89

산불조심 비상근무 중에 · 90

작년 수재민 · 91

태풍을 기다리며 · 92

4부
/
사람으로
살아가기

5급 승진 사무관 교육을 마치며 · 97

임명장 받는 날 · 98

막내의 2019년 · 99

딸의 그날 · 101

몬돌이가 집을 나가다 · 102

충주소장 발령일 · 104

맑은 아침 · 106

떡 선물을 받고 · 107

파란 옷을 · 109

사랑하는 상순이 · 111

제비봉 단풍 · 113

먼저 간 친구 · 114

가족 · 116

고요한 아침에 · 117

무서운 고요 · 118

나의 둥지 · 120

아버지 · 121

당신에게 · 123

광릉의 기운을 드리는 자리 · 125

날개를 펼쳐요 · 127

어느 아버지 이야기 · 128

부부夫婦로 살아가기 · 130

삼마치 · 132

소송 수행자 · 133

소주 한 잔의 여유 · 134

시인을 만나니 · 135

어머니 · 136

가족의 새해 희망 · 138

소리봉 아래 · 140

대한大寒이 집을 지나 · 142

꼭두 · 144

꼭두를 아시나요 · 145

작품 해설   이서연
산림지기의 고백에서 발견되는
따뜻한 매력 · 149

1부

묘시卯時에 뜬 무지개

조팝나무 꽃

바람도 불고
얼어 있는 땅 위
조팝나무 가지가
입을 연다

하얀 속살 내밀려고
힘을 주는 듯
살짝 터진 사이
하얀 꽃 끝이 보인다

2월 중순
이른 듯한데
때를 잊지 않은 조팝나무
봄의 전령사가 된다

코앞에 봄이 왔다고
이제 기지개를 펴야 한다고

2019. 2. 22. 아침에

3월의 함박눈

3월 넷째 토요일
흐려진 하늘이 차츰
잿빛을 두르더니
돋으려는 새순 위에
함박눈을 덮는다

우리집 몬돌이는
들로 산으로
이리저리 뛰고 구르고
집으로 가려 하지 않는다

3월 함박눈에
나의 마음도
하얗게 쏟아진다

2019. 3. 23.

묘시卯時, 무지개

묘시, 출근길
치악산에 걸쳐진
쌍무지개

밑그림으로 해님이
위로는 구름이
무지개 사이엔 비님이 뿌려진다

덩달아
웃음, 행복 그리고 희망이 꽃 피는
걸음 걸음

꿈을 꾸듯 길을 걷는다
무지개가 건네주는 메시지
속가슴에 새기며

2019. 7. 8. 새벽 5시 50분쯤

풀내음

잡초라 베어버리는 풀이
향기를 뿜어낸다

나의 몸에 파고드는 풀향
전신에 퍼진다

어느 향수가 이렇게
오래, 깊게 행복으로 남아 있을까

죽음 앞에서도
풀은 이야기한다
당신이 건강하고
행복하게 살 수 있길 바란다고

오늘도 풀을 베며
그 내음 속에 빠져 본다

자신을 버리는 희생의 아름다움을
풀에게서 배우며

2019. 7. 24. 오전 안흥에서

빨강 우체통

시골 외딴집에 오는 편지
바람 따라
이리 뒹굴 저리 뒹굴

보다 못한 집주인
고물상에서 구입해 온
LPG 가스통에 다리 달고, 문 달고
빨강색으로 옷을 입혀
집 앞에 세우니
동네 아저씨 아주머니
한 번 보고 두 번 보고, 또 본다

빈 마당에 편지를 놓을 때마다
속상하던 우체부 아저씨
모처럼 입가에 웃음이 돈다

이제 빨강 우체통에는
행복한 소식
웃음피는 이야기만
가득 차길 빌어본다

2019. 8. 17.

새벽 안갯길, 아기 고라니

새벽 짙은 안개로
몇 미터 앞 구별도 어려운 시골길

차량 불빛에 갑자기 나타난
아기 고라니가
뒤뚱 뒤뚱
비틀 비틀

차 소리에 놀라
길 옆 도랑에 박혀 움직임이 없다

다가가 살며시 손을 내미니
두려움에 뒷발길질로 답하다
멀리서 들려오는 어미 소리에
씩씩하게 숲속으로 사라진다

다행이다
다행이다
내 마음을 내가 쓰다듬어 본다

2019. 8. 19. 아침

처서 處暑

용광로 같던 지난 며칠
처서가 목전에 이르니
짙던 나뭇잎도
그 빛을 잃는구나

지나가지 않을 듯
맹위를 떨치던 불덩이가
처서 앞에서는 고개를 떨구고
장마 빗줄기처럼 흐르던
땀 줄기도 멈추니
조석으로 닭살도 돋는구나

이렇게 한 해가 가고
한 살 한 살 먹다 보면
깊어지는 주름에
하늘이 손짓하는 날이 오겠지

인생무상 이로구나

2019. 8. 22. 오후에

한가위 달에도 그림자가

한해 중 가장 행복한 달
추석 한가위 달

눈부신 달
그 밝음에 교감이 이루어질 쯤
흐리게 그림자 하나 어른거린다

행복만 줄 것 같은 한가위 보름달
세상 모두의 소망을 들어주다 보니
지친 것일까

희망과 행복을 전하는 빛
그 뒤에는 그만이 앓고 있는
고통과 슬픔이 있으리라

겉과 속, 보이지 않는 모든 곳에도
고통을 삼키며 사랑을 전하는 천사
내가 보는 달빛 마음이다

2019. 추석날 달밤에

가을 문턱에

나뭇가지 사이로
산들산들 바람 바람
옷깃을 스친다

푸르고 높은 하늘엔
구름이 띄엄띄엄
보일 듯 말 듯 흐른다

차갑지도 뜨겁지도 않은
나의 몸으로
가을 향기가 스며든다

모자람 없는 풍성함이
가슴에 소롯이 쌓이니
더 부러울 게 있겠는가

내일은 지금 생각하지 말자
오늘의 행복함은 다시 없으리니

2019. 9. 19. 오후 가을 하늘을 보며

노루궁뎅이 버섯

이슬비 내리는 10월 어느 주말
철수와 난 산을 올랐다

비에 옷 젖는 것도 잊은 채
노루궁뎅이를 찾아
능선과 능선을 헤맸다

참나무 가지 사이
노루 꼬리를 닮은
뽀송뽀송한 버섯이 포착되었다

한 봉지 가득 채취하고
사과와 이슬로 목 적시니
하산 길 발걸음이 가벼웠다

거실 한 자리를 차지한
노오란 노루궁뎅이주
이 또한 행복이 퍼지는 아름다움이다

2019. 10. 5. 횡성 청일 봉복산 줄기에서

가늘게 내리는 노란 눈

청명한 가을날
낙엽송 숲을 거니노라면
마음 한 겹이 쏟아진다

한 해의 무거운 짐 벗어 던지듯
가늘고 뾰족한 잎이 노랗게 변하여
마구 쏟아진다

살며시 바람이라도 불면
눈을 뜰 수 없을 만큼
노란 눈이 내린다

노을빛 약속처럼
다시 올 푸른 날을 위해
설레도록 멋지게 내린다

겨울을 서서히 준비하듯
옷을 벗어 버린 채
단단한 껍질로 추위를 맞이한다

계방산 바위

계방산을 지키는 나는
바위입니다

겨울산을 찾는 이들이
발바닥에 달린 갈퀴로 오선지를 그린 듯
내 몸에 상처를 내네요

도레미파솔라시도
음표가 필요한 등산객일까요
도시라솔파미레도
악보를 그리고픈 산악인일까요

자신이 미끄러지지 않기 위해
바위에 그림도 그리고
음률 표시도 하고
얼굴이 모자라
배, 등, 다리, 팔도 긁어 내네요

이건 세상에 못 내밀었던
상처인가요

내 몸은 그 상처로
천년 아니 만년을 살아가겠지요

당신은 기억조차 못하겠지만

가을 꽃씨

아름다움이라는 자태를 잊어버리고
높은 하늘만을 바라보며
갈 곳 찾는 꽃씨

지금은 말없이
내일을 기다리지만

따뜻한 봄,
착한 어린이 고사리손에 만나
다시 피어날 수 있으리

여름 햇살을 비칠 때
세상의 부러움을 한 몸에 받으며
화려하게 부활하리

겨울나무는

옷가지 한 올 거치지 않고
세찬 겨울바람을 맞고 서 있는
앙상한 나뭇가지에
숫처녀 가슴에
막 생기려는
젖몽우리 보이는 듯하다

바람에 꺾어진 가지에는
반짝이는 눈물인듯
방울이 맺혀 있고
흙 속 숨겨진 뿌리를 통하여
올라온 기운은
새 생명 탄생을 준비한다네

겨울나무는
동면하는 동물과
비유하는 인간을 싫어한다네

나무는 겨울에 자란다는 것을
나이테가 말하고 있으므로

나무의 삶

나무가 자라는 것은
키가 크기 위해서가 아니라
숲을 아름답게 하기 위함인 것을…

나무가 숨 쉬는 것은
살기 위해서가 아니라
숲 속 생명을 자라게 하기 위함인 것을…

나무가 목재 되는 것은
죽기 위해서가 아니라
인간의 행복을 주기 위함인 것을…

나무로 산다는 건
나눔을 위한 것임을 깨닫게 한다네

무인도 향기

사람의 채취가 없다는
무인도로 향했다

연안부두에서 배에 올라
덕적도를 거쳐
낚시용 배를 갈아타고
무인도인 부도에 발을 내딛었다

느낌이 없는 듯한데
떨리는 가슴

알 수 없는 향취에
눈을 감고
명상에 잠겨 본다

무인도에 살아가는 꿈을
푸른 하늘에 그린다

하늘의 갈매기와 함께
이 섬에서 살아가는, 그런
꿈을 꾸어 본다

물아지랑이

비 온 뒤
물 위에 피어나는
하이얀 아지랑이는

아름다운 몸을
보여주려는 비님이
물보라 위에 용솟음치고 있지요

비 온 뒤
맑아진 햇살은
하이얀 물아지랑이로
살며시 웃음 짓네요

밤사이 내린 하얀 눈

밤사이
솜털 같은 하얀 눈이
온 누리에 살며시 뿌려졌어요

나뭇가지 사이에서는
박새와 산까치가 하얀 눈과
파티를 하고 있어요

잣나무와 전나무 사이를 다니며
지지배배 깍깍
춤을 추고 있어요

아침 햇살이 퍼지면
작은 바람에 눈꽃들이
흰빛을 꽃처럼 휘날리고 있어요

밤사이 내린 하얀 눈은
눈이 시리도록 빛날 새날
희망의 꽃들이 될 거에요

버들강아지 인사

깊은 산골 중의 산골
강원도 횡성 병지방이란 마을에
세찬 눈발이 바람에 날리는데
꽁꽁 언 개울가 버드나무에는
하얀 잿빛 솜털을 가진 버들강아지가
머리를 살며시 내밀며 인사한다
저만치서
봄이 온다고

1월의 마지막 날
버들강아지는 추위에 꽁꽁
혹여나
따스한 입김으로 호~ 하고 불어보니
잿빛 솜털을 흔들며
인사를 받는다
조용히 오는
봄소리를 듣는 중이라고

사랑스런 벗이여
며칠만 더 있다가 와서
버들피리를 불어주지 않으련
삐리 삐리 삐삐리…….

버들강아지

버들강아지는
남아 있는 추위보다는
다가오는 봄 햇살이 달가워
솜사탕 같은 하얀 솜털을 살며시 내밀어
인사하지요

버들강아지는
보송한 햇살 닮은
아기의 피부처럼
하얀 솜털의 윤기를 빛내며
하루가 다르게 자라지요

우리 아기의 웃음을 보며
이른 봄의 버들강아지는
추위를 이기며 맑고 밝은
봄 햇살의 희망을 그립니다.

별이 빠진 계곡 물소리

별빛 초롱초롱한 숲 속
하늘만 남겨두고
모든 사물에 검은 물감을 뿌려 놓은 듯

캄캄한 하늘의 별님은
무슨 이야기가 그리 많은지
밤 깊도록 영롱한 빛을 내리는구나

계곡물에 빠진 별빛하고 놀다
함께 한 이야기는 잊은 채
물길 따라 아래로 아래로 흐른다

물소리에 마음을 실어본다
별은 젖어 소리따라 흘러가고
난 그 별 따라 젖어간다

청태산 자연휴양림에서

별님의 친구가 되어

밤하늘
작은 창문에 기대어
별님에게 말을 던져본다

나의 말벗이여!
흔들리는 세월에 변함없는 벗이여
내 꿈에 와 주질 않을래?

바람 소리따라 들리는
무언의 목소리
상상의 날개를 펼치며 속삭여본다

시간과 공간을 넘고도
우리 이야기 다 끝나지 않았는데
눈꺼풀이 커튼을 치네

못다 한 이야기
내일 마저 하자 약속하고
작은 창문을 닫는다

길이 되고
빛이 되어 주는 친구여
오늘 안녕…

사랑하는 별님

차디찬 바람이 부는 밤하늘
별님은 티셔츠 하나 걸치고
온 세상 별님의 웃음 나누죠

높은 곳에서 내려만 보고 있는
별님 당신이 있는 곳 사랑 담아
마음 깊숙이 심어줄 당신 맞죠

바람이 불어도 눈이 내려도
당신의 마음은 항상 그곳에
멈추어 사랑을 나눠 주지요

구름에 가리고 어둠이 내려도
당신 향한 내 마음 변함이 없어
이대로 영원한 사랑을 약속하죠

어제는 당신의 사랑이 있었기에
오늘도 당신의 사랑을 느끼었고
내일도 당신의 사랑과 마주하리

새순

따뜻한 봄기운에 힘을 얻은 숲은
묵은 때를 벗고
새 옷으로 갈아입기 시작한다

겨우내
춥고 힘들었던 시간을 잊어버리고
온 정열을 다하여 새순을 만들고 있다

새순이 자라
숲이 옷을 모두 갈아입으면

희망의 새 날을 향하여
커다란 꿈의 바다가
숲 속에서 펼쳐진다

아침 햇살

눈부신 아침 햇살을 보노라면
깊은 잠에서 깨어나는 삼라만상
기지개를 펴는 듯하다

햇살 한 줄기에
생각이 맑아지고 밝아져
맘가짐이 넓어진다

우리 민족의 하얀 마음결처럼
하나의 공동체 속으로 끌어들이는 마력
그 햇살 한 줌을 마셔본다

입춘 한파

봄이 문턱에 닿았어도
입과 손발은 얼어
꼼짝 못하는데

매실나무 가지에 돋은
봉긋한 꼭지는
햇살과 함께 웃고 있네

살에 붙는 칼바람도
꼭지가 무서운지
매실나무 가지를 피해가나보다

입춘 한파야
네가 아무리 야무져도
봄날은 산 너머에 오고 있단다

내일 모레 새파란 봄날
우리는 너의 이야기로
추억을 재잘거릴 거야

2020. 2. 6. 소리봉 아래서

비 맞은 전나무

따스함이 스믈스믈 파고드는 날
비 온 뒤 전나무는
깨끗하다 못해 광채가 난다

추위에 움츠렸던 나뭇잎은
땅의 따스함과 하늘의 온기로
기지개를 쭈~우욱

잎 끝 송글송글 물방울은
온 누리를 담고 피는
임 얼굴이 된다

임 담은 물방울
나의 가슴을
사랑으로 가득 채워준다

비 맞은 전나무야!
물방울은 오래오래 떨구지 말아라
네가 떨어지면 내 마음이 아프단다

2020. 2. 25. 교육원 산책로에서

잠에서 깬 개굴

광릉 소리봉 습지에
세상 최고 관현악단과 오페라 가수의
음악회가 열렸다

경칩이 열흘 남았건만
따스한 날씨에 일찍 잠에서 깬
개구리 친구들
짝꿍을 찾는다고 목청 높여 노래한다

내가 최고의 가수라고
짧은 목에 핏대를 올리며
개굴개굴개굴

긴 겨울잠
임 생각에
입 꽉 다물고 참았기에
목 터져라 임 찾는다

이제 임 찾은 벗들 많아
음악회는 끝나고 있는데
짝 없는 친구만 개굴 개굴……

2020. 2. 24. 저녁 무렵 교육원 산책로

노란 복수초

겨우내 움츠렸다
잠에서 깨어난 복수초가
차가운 어제, 얼굴을 내밀었다

따스한 땅 속 기운에
미소까지 띄운 복수초는 부끄러움에
해님과 눈을 마주치지 못한다

밤새, 먹이를 찾던 산돼지
노란 복수초를 보더니
아뿔싸, 슬쩍 먹어 버렸다

또 한해가 지나야
다시 만나겠지
그때 나도 나의 꽃을 피우려나

2020. 3. 18. 오전에

바람이 차가워 진다

코로나19에
긴~ 장마 끝나고
추석도 지나니 내일이 한로寒露

계절의 왕 가을
아침저녁 바람에
몸도 마음도 시려온다

또 한 해 끝자락의 언덕이
저기 보이기 시작하니
어째 눈가에 이슬이 맺힌다

차가운 바람이 거칠어지면
눈보라 치고
또 해와 달이 뜨고 지면
쓸쓸한 이름으로 한 해도 가겠지…

세월아,
아름답고 행복한 것만 남기고
다른 건 사라져 다오

나이는 멈추고

추억은 흐르고

사랑은 넘치는 시간이 되어다오

2020. 10. 7. 퇴근 무렵

대한大寒이 집에 내린 비

엄동설한嚴冬雪寒
온 세상이 멈춰 선 듯하더니
대한이 집에 비가 내린다

따스함을 가진 비는
냇가에 스며 얼음을 녹이고
흙의 잠을 깨운다

겨우내 얼어 있던 마음에
온기가 스미니
봄이 시나브로 오나보다

대한大寒아!
이제 소한小寒이 집에 가지마라
얼면 아름다운 세상을 못 보게 된단다
24절기 유종의 미를 장식했으니
이제 입춘立春을 맞이하자

2021. 1. 21. 소리봉 아래서

진동계곡

저 깊은 숲에서
천년을 숨어온
아름다운 계곡의 끝자락이
서서히 보인다

멋진 풍광 앞에
나의 작은 가슴은
더 작아지지만
설렘에 꿈틀거리게 하는구나

천년을 이어온 숨소리
살며시 들어본다
돌 하나에도 묻혀 있을 듯한 이야기
내 가슴은 어찌할 바 모르고 뛴다

어디서 시작된 출발인지
문배령과 점봉산을 울리는 물소리
천년을 흘러온 만큼
거듭 천년을 흘러가리라

인제 진동계곡에서

하늘 별님과

차디찬 바람이 부는 밤하늘
별님은 티셔츠 하나 걸치고
온세상 벗님과 웃음 나누죠

높은 곳에서 내려만 보고 있는
당신이 있는 곳엔 사랑 가득
그 마음 나눠 줄 자비 맞죠

바람이 불어도 눈이 내려도
그곳에 멈추어 있는 마음
그 사랑 나눠 주는 존재지요

구름에 가리고 어둠이 내려도
당신 향한 내 사랑도 변함없어
영원한 사랑을 당신께 약속해요

어제 당신의 사랑이 있었기에
오늘 당신의 사랑을 느낀 만큼
내일 당신과 영원하리다

2부

사랑은
사랑산 연리목처럼

가을옷 입은 나무

햇살이 멀어지고
바람이 찬 기운을 가지니
무지개 옷으로 변신하는 나무

물은 내리고
뿌리에 힘을 드리우니
눈은 껍질로 덮어준다
나무 옷에 묻은 물감은
우리 아이 웃음꽃

나무야!
가을의 무지개 옷을
오래오래 붙들어 다오

나무야
오늘의 옷을 다 내리지 마라

네가 옷을 떨구면
내 마음도 떨어진단다

2019. 11. 7.

사랑산 사랑나무

충북 괴산 사랑산 입구
사랑의 열매라 하는
소나무 연리목이 있다

잡은 손, 아니
살짝 붙은 몸이
떨어지지 않을 한몸 되어
함께 살아가고 있는 것이다

나의 사랑도
영원히 함께하고 싶다
사랑산 소나무 연리지처럼

2022. 5. 4.

산양삼 새싹

산 속 깊숙이 자리 잡은
산양삼 재배지에
따스한 햇살과
스치는 바람에
새싹이 돋아난다

몸에 좋은 것이라
싹이 트기도 힘들고
자라나 살기도 어렵고
여러 해를 함께 하기도
무척 보기 드물다

산양삼 한 뿌리 들고
함박 웃는 사람들아
이것 먹고 힘내서
내일은 더 사랑하고 건강하자

새싹에 담긴 기운으로
올 한해도 행복하자

2022. 5. 3.

악어봉에서

작지도 크지도 않은
산마루에 올라
충주호를 바라본다
악어떼가 물속으로 들어가는 모습이라고
악어봉이라 한다네

엄마악어, 새끼악어
아빠악어, 친구악어
악어의 무리가
스믈 스믈 기어
물 아래로 스며든다

한참을 내려보아도
움직이는 악어
내 눈을 의심하여 본다
항상 제자리인 것을
아 하-
큰 소리로 웃어본다

가을 문턱에서

산들바람에 하나씩 하나씩
잎을 떨어뜨리며
나무는 생각한다

영하의 추운 날씨에
몸을 지탱하려면
한 해 동안 뿌리에 맡겨둔
영양분을 식량삼아
자신을 지켜가는 의무감을 가져야 한다고

자연은 단수가 아니라 복수

서로가 있기에 함께 갈 수 있음을
가을나무가 알려 준다

나무의 가르침

작은 나무에서
자연의 신비로움과
생명의 소중함을 잊지 말 것이며

커다란 나무에서
스스로를 지키려는 강인한 힘과
우아한 자태를 잊지 말 것이며

잘려진 나무에서
헌신하는 마음과
말없이 행하는 실험정신을 잊지 말 것이며

나무의 일생에서
인생의 참신한 덕망을 쌓으며
허황된 욕망과 꿈은 잊고 살아보자

산림문학회 글모음 제8집 『숲에서 숲이 아닌 것은 부끄럽다』
(2007년 12월 23일)

두타산 운해

동이 트며
오르기 시작한 산행

아차골 계곡을 올라
해발 1394m의 두타산 정상에 도착하니
지나온 계곡이 구름바다였다

하얀 운해에
작은 섬이 두어 개 떠 있고
아침 햇살 받으며
멀리서 날아오르는
새 한 마리

신선이 된 듯
꿈 속을 걷는 기분이다

꿈에서 깨어나질 않기를 바라며
눈을 감지 못하고 있다

찬란한 운해를 보머 2009. 6. 5. 새벽 두타산 정상에서 친구와 함께.

바위 이끼 위에 전나무 삼남매

넓은 바위 위에는
진녹색의 양탄자가 가득 깔려 있다

그 위에
전나무 삼남매가 나란히 서서
어미나무를 바라보고 있다

바위 위, 이끼 사이로
전나무의 뿌리는 서로 서로
엉키고 설키며 의지한 채
무엇도 원망하지 않고
자연에 순응하며 자라고 있다

이끼가 남겨주는 수분과
바위가 주는 영양분
어미나무 사이 햇살받으며
오늘도 바람을 맞이한다

큰누나 전나무는
동생들을 꼭 잡고

큰 형은 누나와 막내의
손을 꼭 잡아당기고…

누나와 형의
손을 놓지 않으려
애를 쓰는 막내 모습을 보려고
살며시 이끼를 들었다

그 순간
안된다는 아우성 소리가 들리는 듯해
그만 얼른 제자리에 놓고
내 생각이 짧았음을 후회하며
이끼를 손으로 꼭꼭 눌러주고
산을 내려 왔다

산림 공무원은

산림 공무원은
위대한 생명 공학자다

시시각각 변화하는
자연의 조화에 발맞추어
생명의 나무를 심고
가꾸어 줄 수 있는
자연계의 생명공학자다

산림 공무원은
기술자가 될 수 없다

인간 공학보다
더 복잡다양한
숲의 생명을 다루는
은하계 최고의 성직자다

산바람

넓은 잎을 가진
목련, 상수리, 층층, 신갈나무 잎은
산들바람에 흐느적 흐느적

가는 잎을 가진
소나무, 잣나무, 전나무, 낙엽송 잎은
비바람에 겨우 끄덕 끄덕

산등성을 따라
움직이는 구름은
솜방망이처럼 뭉게 뭉게

작은 야생화 사이 솔바람에 꽃잎은
힘없이 자기 팔을 잊어 버리고
하늘하늘

새벽을 여는 소리

깊은 산 속
새벽을 여는 소리에
귀 기울여 본다

바람소리
물소리
새소리……

또 하나 바스락 바스락
나의 발자국 소리가
새벽을 연다

숲길을 거니는데
누가 부르는 소리가 귓전을 맴돈다

바람이 전해주는 그 새벽 소리는
- 사랑해
아내의 목소리

또 하나 새벽의 소리는
무거운 어둠을 뚫고 나오는 해님의 소리
힘찬 기지개를 펼치는 그 소리는
살며시 눈을 감고 들어야 들린다

2009. 1. 17. 새벽 두타산휴양림 산책로에서

숲 속 아침 공기

이른 아침
숲 속 오솔길을 걷노라면
상쾌한 공기를 마시게 된다

풀, 나무, 꽃, 새들의
향기가 함께 묻어 있는 아침공기

오솔길을 걷는
나를 위한 보약이다

숲은

숲은
혼자가 아니라
함께 이루어진
가장 아름다운 자연의 집입니다

숲은
슬픔과 기쁨을
모두 간직한 채
말없이 우리를 지키는 정신입니다

숲은
욕심도 이기심도 없는
사랑과 자비만을 베푸는
우주만한 마음입니다

은행나무의 가을

노오란 은행잎이
바람에
하나, 둘, 셋……
빙그르 빙그르 내려앉네

추위가 눈 앞에 있다고
여름 잎에 담았던 비타민을
나무 속으로 숨기고
힘없이 내려앉네

추위 속에 남아 있을
가지들을 걱정하며
새봄에는 더 예쁜 모습을 보여 주겠다고
약속을 속삭이는 듯
새싹이 돋던 그 힘으로
마지막 아름다움을 펼치네

사랑하는 마음으로 기다리리라
노란 빛 아름다운 내일의 태양을
다시 돋을 아름다움을

녹색 가득 품은 숲

앙상하여
녹색이 될까 싶던 숲이
계절이 두어번 지나니
몇 발자국 앞을 볼 수 없도록
녹음을 가득 뿜어내고 있다

풍성하리 만큼 가득 찬 숲
저 속에는 무엇을 품고 있을까
오감을 쫑근하니
나무향, 풀내음, 맑은 공기, 향기로운 흙,
곤충 애벌레, 새 둥지, 동물의 아기……

칠월의 숲은
사랑만 가득 품고 자리를 지킨다

덩달아
나 또한 풍성한 숲을 닮아 본다

2020. 7. 9. 점심식사 후

고목古木 넘어지다

백여 년 이 자리에서
세상에 산소를 뿜어주고
녹음과 단풍을 주느라
나의 속이 텅빈 줄도 몰랐는데,

어제
폭우와 강풍에 맞서지 못하고
텅빈 나의 속을 내밀고 말았다

古木은
항상 이 자리에서
수많은 폭우와 강풍도 있었지만
당신에게는 나는 모든 것을 주었다
이제 베풀 것이 바닥난 나는 흙으로 돌아가려 한다

오늘 古木에는
까치, 참새, 두더지, 멧돼지, 고라니
아침부터 찾아와 인사를 건넨다

남은 몸둥이도 자연에게 선사하는
古木의 작별인사
마지막까지 나는 받기만 한다

2021. 6. 25. 소리봉 아래서

참나무야 이겨내라

서울 남산에도
북한산에도
수락산에도
참나무가 시들시들

나무 중 최고의 나무
참나무가
중병에 걸려 시름시름

병균으로 뭉친 광릉긴나무좀이
나무 속으로 들어가며
싸 놓은 배설물 더미가
나무 아래 수북

참나무야
굳은 마음먹고 병균과 싸워 이겨내라

너는 참나무잖아

나무 중에 최고의 나무

참나무의 명성처럼

지구의 종말까지는 살아야되지 않겠느냐!

큰 길가 무궁화

시커먼 매연과
튀어 오르는 더러운 물
그 길가에
당신이 심어준 나는
무궁화

오천 년 민족 시련으로
감싸 주더니
이제는 큰 길에 고정시키니
숨쉬기 너무 힘들다

그래도 난
뿌리도 내리고, 잎도 달아
씨앗은 많이 맺으리라

내가 영원히 살아야 하는 이유가 있어
내가 없어지면 숲 속 친구가
이 자리로 와야 하거든

나는 여기를 지키려니

내 후손 꽃씨는

빗물 따라, 차바퀴·신발 바닥에 묻어

산 속 깊은 곳으로 가려무나

3부

비 오니
행복한 당신

3월의 눈

3월 4일
백년에 한 번 있을까 하는
하늘에서 원망의 설움을
내려보낸 날로 기억된다

태풍과 폭우만이
인간을 괴롭히는 것인가 했는데
난데없는 폭설이
이재민을 울게 하고
수천 억의 재산 피해를 가져왔다

흰 눈은
아름다움만 주는 천사로만 알던 우리가
핵폭탄급으로 얻어맞고야
무서운 힘을 보았다

5천 년 역사에
지우고 싶은 하루였다

잊을 수 있는 일이겠는가마는
상처가 되는 역사는
지워버리고
희망과 광명의 새 날이
떠오르기를 기도하게 된다

4월의 어느 하루

4월 주말 어느 날
기다림에 지칠 무렵
거칠게 울려 퍼지는 한 통의 전화

산불이 확산되어
전 직원 출동하라는 말
기다림의 결정체가
이것이라니

잿더미 속에서 불과의 사투
그리고
배고픔에 지칠 무렵
빨간 헬기는 잊지 않고
빵과 우유, 주먹밥을 떨구어줬지

칠흑같이 어두운 밤, 추위와의 사투
모닥불 피워놓고

검정 칠한 얼굴로 밤새
서지도 앉지도 눕지도 못하다
동틀 무렵 귀청하는 무거운 발걸음
마음 속에서 저절로 울려 퍼지는 행복의 노래

4월의 하루야!
빨랑 지나가려무나

강릉 옥계 동해 산불현장

하룻밤 사이
순식간에
화마가 할퀴고 간
검은 산더미

1000℃가 넘던
지난 밤
그 속에 반짝이던
작은 흰 꽃 하나
해님을 그리워 했는지
꽃잎이 광채를 뽑아내고 있다

땅속 깊은 곳에서 잠자고 있던 나를
뜨거운 화마가 깨우니
검은 숲 속에 나만 홀로
꽃피게 하는구나

화마야, 고마운데
어울려야 할 친구가 하나도 없는
세상에 나 홀로 어찌 살까

2019. 4. 5.

강풍이 돌아갔어요

동해 망상동 산 아래 한우 농가
지난 밤에 뒷산 몇 개를 넘으며 온 산불은
아침 동틀 무렵
한우 농장 하우스를 태우더니
사료, 짚, 표고자목을 모조리 집어 삼켰다

자식 같은 한우 30여 마리가 있는 축사에
불이 닿는 순간, 농부는
이를 지키려
우사 문을 부수고, 소를 몽둥이로 때려 보았으나
한 마리도 움직이지 않았다

눈물 흘리며 불꽃을 피하려
우사를 뒤로 하고 몇 발짝을 뛰는데
바람이 가슴을 치며 우사를 향한다.
순간 불꽃은 사라지고
소들은 물과 먹이를 찾았다

하늘이시여!
천지신명이시여!
우리를 버리지 않으셨구나
조상님이 살리셨구나.

2019. 4. 5. 아침에 어느 농부

별 헤는 밤이 싫어

반짝이는 별이 있는
밤하늘을
산림간수는 미워한다

이슬이라도 오는
그믐달, 검은 밤을
산림간수는 많이 사랑한다

소녀의 마음처럼
초롱초롱한 별밤을 사랑한 시간이 있었는데…
산림간수가 되지 않았다면
별님 향한 사랑의 시를 썼을 텐데…

이제 별 쏟아지는 밤하늘이
산림간수의 눈에는
동짓달 한강 얼음일 뿐이다

비 오니, 행복한 당신

어제 저녁 일그러진 하늘이
오늘 종일 바짓가랑이를 적셔준다

비님 납시니 당신의 얼굴
함박 웃음 꽃 피네

얄미운 산불과 치열한 싸운 흔적이 씻기니
덩달아 말끔해지는 얼굴
빛나는 얼굴
나누는 술잔에 마음도 행복해진다

그 얼굴이 다시 찌들지 않도록
하늘이시여!
가끔 비님을 초대하리다

중앙산불상황실의 웃음이
국민의 안전과 평안으로
번져 가길 빌며…

2018. 4. 4.

산불조심 비상근무 중에

맑고 청명한 봄날
모두들 들로 갈까 바다로 갈까
여행계획에 바쁜 나날인데…

산중의 산림간수
하늘을 숨 쉬는 간격으로 쳐다보며
한 줄기 빗줄기를
목청 높여 불러본다

산림간수 숯덩이 된 마음에
무엇을 담고 있을까

오늘도 하늘을 원망하며
언제 날아올지 모르는 비보를
무겁게 기다린다

아들에게는
죽어서라도 산림간수는 되지 말라 하리라

그래도 나의 가족을 사랑한다
산을 지키는 이유다

작년 수재민

작년 7월
느닷없이 퍼부운 게릴라성 폭우에
죽음과 폐허만이 즐비하던 그곳에

올해도 거르지 않고 장마는 찾아왔건만
일 년 농사는 그런다손 치더라도
가족 머무는 집
아직도 컨테이너라네

면사무소에서 매주 전해주는
쌀로 연명하고 있건만

내일의 희망은
어디에서 찾을꼬

태풍을 기다리며

태풍 '매미'
매스컴에서 며칠간 야단들이다

이제 '매미'는
남부지방을 강타하고
강원도 일원을 강타한다고
경고 방송이 한창이다

작년 '루사'에 이은 '매미'로
순박한 강원도민은
설마 설마 하면서
이번에는 그냥 지나가는 것이려니

아침에 눈을 떠보니
밤새 세차게 불던 바람과 함께
'매미'는 그만 동해안을
강타 또 강타를 하고 말았다

실망이란 말 자체도
어울리지 않는다
솟아날 구멍도 남기지 않은
하늘을 원망할 뿐
그래도 희망을 붙들어 본다

4부

사람으로 살아가기

5급 승진 사무관 교육을 마치며

5급 사무관 승진으로
국가공무원 인재개발원 6주간의 교육

타 부처 승진자와 나눈 대화들
진천, 단양, 울산, 천안 등에서 만든
추억은 가슴에 쌓인다

빨간 티로 교육생 모두의 부러움을 얻은
10분임이란 단합된 힘
저 하늘의 뜨거운 햇살도
우리 마음을 녹이지는 못할 걸

143기 중 열다섯 명의 마음을 담고 담아
매일 축배의 날만 기다려 본다

행복하고, 즐겁고, 아름답고
오늘도 내일도 좋은 일만 있기를

임명장 받는 날

공무원의 꽃이라는
대통령 옥쇄가 찍힌
사무관 임명장 받는 날

그동안의 일들이
주마등처럼 지나갈 때
가슴으로 이슬이 맺힌다

어머니와 아내에게
전화하는 내 목소리는
떨렸지만

행복하다
눈물이 난다
웃음도 난다

2019. 1. 28. 오전

막내의 2019년

자사고를 다니다
중간에 일반고를 졸업한 막내
원하는 대학에
줄줄이 낙방

이놈의 대입시 제도
내 정보의 한계까지
원망해 보지만
돌이킬 방안이 없어 한숨 쉴 때

마지막에 또 마지막 시간에
막차 중에 막차로 온
합격 소식

그나마 행복하다
막내와 나의 얼굴에
웃음과 안도의 눈물이 핑그르르

이제부터 다시 시작이라

당부하고 또 당부한다

내일이면 집 떠나 혼자의 삶을 시작하겠지

2019. 2. 27. 아침에

딸의 그날

29년간 품에 있던
딸이 시집가는 날
눈물이 앞을 가린다

태어나던 날
자라던 순간 순간들
스치듯 지나가는 파노라마

둘이 하나되는 날
듬직한 짝에게
딸의 손을 건네 주었다

짙은 서리가 낀 내 방의 창
불빛이 퍼져
앞을 볼 수 없다

오늘의 약속 잊지 않고
행복과 웃음 그리고 사랑으로
영원히 함께하리라 믿는다

2019. 12. 7. 12:30

몬돌이가 집을 나가다

휴일 아침
몬돌이와 산책을 하다
달리고 싶다 하여
목줄을 풀어주니
한참을 달리다 뒤돌아
딱 한 번 나를 보다가
산 속으로 비호같이 달린다
몬돌이를 본 마지막 순간이다

한 시간, 두 시간, 세 시간…
하루, 이틀, 사흘…
돌아올 줄 모른다

이 추위에 밥은 먹었나
돌아오는 길을 잊었나
사나운 짐승이 잡아갔을까
잠 잘 곳은 있을까

몬돌이 부재가
온 가족의 걱정거리가 된 지 몇 날
무사히 돌아오기만 기도한다

2019. 12. 17. 저녁에

충주소장 발령일

3월의 마지막 날
안개가 흐느러진 아침 숲 속
둥지처럼 자리잡은
충주국유림관리소

봉오리진 영산홍
고개 내민 수선화
피어오르는 개나리 흐드러진 날

새로운 소장은 어떤 얼굴일까
바라보는 직원들!

반갑다고 인사 하니
안아서 받들 듯 웃음으로 화답하네

충주, 괴산, 증평, 음성, 진천
국유림을 관리하는 곳

기본에 충실하는
긍정적 사고로
다시 신입의 마음이 되어
남은 공직 잘 마무리해 보자고
산과 나무에게 다짐한다

2022. 3. 31.

맑은 아침

아침 햇살이 눈부시다

맑고 투명한 기운이
뇌리에 담긴다

행복함이 들어오듯
사랑하고 웃으며
오늘도
내일도
이렇게 걸어 가고프다

2022. 4. 1.

떡 선물을 받고

친구야 고맙다

발령 받은 나에게
직원들과 소통 잘 하라고
친구가 맛있는 떡을 보내왔다

대학 동아리 함께 하던 우정
환갑을 바라보는 나이에도
안부를 묻고
웃으며 전화하는 오랜 친구다

떡을 먹으며
학창시절을 되새겨본다
MT, 수련회, 야유회

그놈 그년들
지금은 어떤 모습일까
어디서든 잘 살고 있겠지

추억을 소환하는 떡
그리움에 눈 감고
세월의 무상함에
나를 돌아 본다

정순영,
무지 고맙다

2022. 4. 5.

파란 옷을

누런 갈색 옷이
따스한 기운을 받더니
이제는 두텁다고 벗으려 한다

해님이 아지랑이를 부르고
땅에서는 약수가 솟아나고
바람은 살랑살랑 가슴을 스미니
나무가 옷을 푸르게 물들인다

연 파랑이
점점 진파랑으로 물들이겠지

숲이 가득해지고
내 마음도 가득차면
무더위에 숨 몰아쉬는 날
그늘을 만들어 주겠지

변치 않는 나무처럼
세월도 그 자리에
그냥 있으면 안되겠니?

세월의 속도감이

길게 맴돈다

2022. 4. 7.

사랑하는 상순이

계명산 산자락
등산로에 아름드리 상수리나무는
나의 애인이다

3월 이후
아침마다 찾는 산책길
수십 년 아니 백여 년을 그 자리에서
나를 기다려온 듯
웃으면 반겨준다

상순이를 두 팔 벌려 안으면
어머니 품 속인 양
따스함과 포근함에
전율이 흐른다

그 순간
사랑을 맹세해 본다

상순아 !
우리의 영원한 사랑을 위하여
건강하고 행복하게
내일도 만나자

"상순아 사랑한다"

2022. 11. 02.

제비봉 단풍

월악산 산자락
날아가는 제비를 닮은 제비봉

10월 말
제비봉 단풍은
나의 발길을 붙잡는다

기암바위와 참나무
그리고 싸리, 붉나무, 물푸레, 복자기나무…

제비봉에 이르는 등산로
단풍에 취하고
막걸리 한잔에 취하니
천국이 이곳이구나

이대로 잠들고 싶다
단풍에 젖은 채

2022. 10. 27. 제비봉에서

먼저 간 친구

양양 바닷가 남애초등학교에서
검정 교복
까까머리 시절을
함께 한 친구

엊그제 아침
부고장에 그 친구의 이름이 있었다
- 故 신은선
잘못된 글이겠지
장난이러니
하던 차 함께하던 모임에
또 같은 부고장이 올려졌다

눈 앞이 흐려지고
보이지도 들리지도 않았다
저녁에 혼자 쇠주잔을 기울이니
눈물이 술잔으로 떨어졌다

부른다고
하늘로 냉큼 가야만 했는가
이 친구야, 은선아

아프고 힘들었던 이승
괴롭고 어려웠던 이승
모두 모두 잊어버려라

너를 부른 천국은
사랑스런 행복의 웃음만 있는 곳이겠지

네 모습이 선하구나
미소가 선명하구나

하늘에서 자리잡고 있으려무나
내 가는 날 만나자
이 친구야, 은선아!

2022. 4. 26. 화요일 밤

가족

잠든 아이들을
보고 있노라면
행복이 가득 차 오른다

잔소리하는 마누라를
보고 있노라면
생애 최고의 선물임이 느껴진다

아침 식탁에 둘러앉아
하루가 열리는 전쟁이 시작되면
사랑의 신호가 느껴진다

뛰고 소리치는
아이들의 웃음소리가
행복의 신호탄이다

고요한 아침에

적막이 흐르는 아침
오가는 이 적어도
힘든 짐을 가득 지고 가는 이들의
표정 표정에서
인생 무거움이 느껴진다

나의 하루도
특별하지 않다
다만, 누르며 이기며
발걸음을 내딛어 갈 뿐

오늘의 고난과 고통이
내일의 행복과 즐거움이 되리란
희망이 있기에

무거운 가슴을 털어가며
밝은 빛으로 옮겨본다

무서운 고요

침묵과 어색이 흐르는
회색 건물 속에
머리 숙이고 앉아

기계 부품처럼 소속되어
힘겨운 싸움을 하고 있는 이들은
무슨 생각이 있을까?

뒤죽박죽 된 머리에게
고요의 휴식을 줄 것인가?
묻고 싶다

속세를 벗어나
나무와 이야기하고 온 나는
입이 근질거려
회색건물 속에서
잠깐이나마 웃음을 만들어 본다

고요한 하루가
무서워지고 있다
기계의 부품된 외로움에
나는 사시나무처럼 떨고 있다

나의 둥지

횡성 안흥 덧재 아래 127호
둥지를 틀었다

작년 한 해 공들여 지은
나의 둥지

힘들고 어렵게
땀 흘린 흔적들이
흙과 나무기둥에 새겨져 있다

이 둥지에서
아내와 남은 생을
행복하고 아름답게 보내려 한다

시골스럽게
산골 음식 먹으며
촌놈으로 살아가려 한다

2019년 1월 어느 날

아버지

작년 산에 오를 때는
앞에 가셨던 아버지

오늘 산에 오를 때
아버지는 자꾸만 뒤로 처지고
땀을 닦는 횟수가 많아졌다

칠순을 넘기신 아버지의 등줄기가
웬지 슬퍼보인다

아버지는
내게 가장 큰 힘이요 기둥이시라
항상 내 앞에만 계시리란 생각이 잘못일까

늙어가고 계신 것인가
무너지고 계신 것인가

다음에 산을 오를 때에는
아버지가 먼저 올라
나를 기다리면 좋겠다

영원히 나의 희망으로 중심으로

당신에게

27년이란 세월
땀 흘리며 살아온 날들
당신은 기억하겠지

어렵고 힘들었던 날
즐겁고 행복했던 날

그래도
건강하고 열심히 살려는
눈에 넣어도 아프지 않은
지현 수민 수찬

이들이
우리의 희망이고
삶의 목표가 아니겠소

지나간 과거
어제의 잘못
모두 모두 잊어버리고

행복한 꿈

건강한 웃음

멋진 삶만

살아보세

수림농장 머슴이

광릉의 기운을 드리는 자리
- 이상만 원장님을 보내며

두 해를
광릉의 기운으로
심신을 다지신 원장님

숲속 나무와 산새들마저
우리 농업과 임업을
그대의 어깨에서
희망의 꿈을 꾸어 봅니다

자연을 사랑하고
숲을 사랑하는 우리 임업인은
순수하고 맑은 마음으로 그대의 앞날에
숲 카페트를 깔아 드립니다

나무와 숲
임업인 모두의 마음을 담은 그릇
그대여!
대한민국의 큰 대들보가 되어 주세요

조선 7대 임금 세조가 잠든 소리봉

광릉의 기운을

모두 모아 그대에게 드립니다

2020. 2. 11. 이상만 원장님을 보내며

날개를 펼쳐요

두 해 받은
광릉의 기운
그대 야망의 디딤돌이 될 것이오

이제! 그대의 시대가
열리고 있으리라

빛나는 날개
넓게, 높게, 힘차게 펼치도록
날개 끝에 힘을 주세요

오백 년 광릉 숲
푸른 소나무는
그대의 힘이 될지니

한국의 기둥
세계의 기둥이 되는 날까지
날개를 펼치시길 기원하오며

세조의 숨결이 살아있는 광릉 소리봉
숲 속 산림교육원을 기억해 주시길…

어느 아버지 이야기

세상이 무너져도 나의 아들은
희망이며 꿈의 실현체로 알고
70평생을 살아온 아버지가 있다

나이 들어 힘 없어지자
방 안에서 나오지도 못하게 하고
감옥 아닌 감옥살이에 한숨짓다
며느리 몰래 도망치셨단다

그의 딸은 이 소식에
고민하다 수화기를 들어
동생에게 전화를 했단다

집 나온 지 한나절이 지났는데 찾을 생각도 없이
동생 내외는 자신들의 무죄에 대해
열변을 토하더란다

없는 살림으로 아들 하나에
아버지는 일생을 바쳤는데……

되돌릴 수 없지만
당신의 일생에 보다 많은 투자와 준비를 했다면
행복한 삶을 살지 않았을까

어쩌면 일찍 세상을 하직한 아내가
더 행복할지 모르겠다 한다

말문이 닫혀 어찌 할 바를
모르고 떨고만 계신 그 분 모습에
고개가 절로 숙여진다

아들이 아버지를 이해하고
진정으로 모시려 할 때까지만이라도
살아 계실 수 있을까

그 희망을 기도한다

부부夫婦로 살아가기

부부의 뒤에는
두 부모가 있고
부부의 옆에는
형제자매, 친구가 있고
부부의 앞에는
자녀가 있습니다

2019년 12월 7일 이제부터
우리 부부夫婦는 홀로 서겠습니다

즐거움, 웃음, 행복이
가득한 가족이라는 부부

힘들고, 어렵고, 아파도
힘이 되어야 하는 부부

부부夫婦는
오늘 약속합니다

항상 함께 나누겠습니다
행복은 두 배로
어려움은 반으로
나누며 살아 가겠습니다

나 보다는 부夫
나 보다는 부婦
최우선 생각과 행동으로
평생 실천하겠습니다

삼마치

옛날, 세 마리의 말이
횡성과 홍천의 경계인 고개를 넘다가
한 선비가 말에서 떨어져
그만 세 치 혀가 잘라졌다 하여 삼마치라 한다

예나 지금이나
세 치 혀를 조심하지 않으면
큰 변을 당한다는 이치를 직시하게 하려는
선인들의 가르침이 아닐까

2004년 3월 12일
오늘, 우리 사회 정서가 어지러운 것을
미리 예견하고 나온 이야기가 아닐까

다시는 주워 담을 수 없는
세 치 혀의 움직임을
거듭 생각해 본다

소송 수행자

국가 소유의 재산을 지키고 찾기 위하여
오늘도 법정에 선
애국 전사여

경건함과 긴장 속 재판장 앞에
변호사와 어깨를 나란히
당당하게 변론하는 소송 수행자

한 치의 양보도 태만도 실수도
절대 용서할 수 없는 법정
국가 재산의 지킴이로
두 눈을 크게 뜨고
오늘도 새벽부터 법정을 향하여
걸음을 재촉한다

소주 한 잔의 여유

한 계절 내내
빗줄기가 없더니
오늘은 소나기가 한 차례 쏟아졌다

물고기가 물을 만난 기쁨처럼
포장마차에서 오징어에 소주 잔을
몇 순배 돌려봤다

취기가 오른다
일행과 노래방에서
마음의 여유를 찾아본다

소주 한 잔
이 여유가 모처럼 즐거워
코를 골며 깊은 잠에 빠졌다

그래도 건강을 위하여
소주는 삼가라는 마누라 잔소리를 지키려 한다
할 수 있다는 마음으로

시인을 만나니

시인의 입에서 나오는
모든 말은 시의 언어 그대로이며

시인의 손에서 나오는
모든 글은 시의 표현 그대로이다

입춘立春을 뒤로 하고
풍년 농사를 약속하기 위하여 비가 온다는 우수雨水
청태산, 온 산천지는
백석이 자랑하던 마지막 겨울처럼 여운이 흐르는데
벽난로 옆에 옹기종기 모여 앉아본다

꿈에서 그리던 시인의
시 낭송과 시 강연에 귀기울이고 있노라니
나 또한 시인의 발걸음을 한 발짝 내딛은 듯 싶다

어머니

부르기만 하여도
목메이는 그 이름
어머니

품삯 일, 포장마차, 식당 등에서 일하며
5남매를 기르기 위해
당신의 몸을 헌신짝처럼 희생하신
'어머니'의 표상이시다

환갑을 넘기던 어느 날부터
무릎에, 허리에, 머리에…
어느 한 구석도 아프지 않은 곳이 없으시다

오늘 주름진 어머니의
손을 만져본다
가슴에 어머니의 모습을 새겨본다

그리고
더 자주 찾아가 말동무가 되어 주어야지
다짐한다

가슴 속에 채워진 어머니를
불러본다

어머니 -

가족의 새해 희망

우리집 대장은 새해 어머니 생신이라며
많은 돈을 들여 새 옷을 사 드리고
팔순잔치 준비 등 항상 고맙다
(건강하고, 살도 빼고, 긍정마인드, 멋진 집도 짓고, 자격증 합격……)

딸은 새로운 업무에 걱정도 많지만
열심히 한다고 다짐을 말한다.
(업무적응, 박사과정 입학, 건강, 자격증 합격……)

큰 아들은 전과목 A+에 뿌듯해 하고
아이들 가르칠 포부에 목표를 향해 열심히 노를 젓는다.
(건강, 자격증 합격, 학교공부, 벤치마킹을 나의 것으로……)

몬돌이 고3이라 마음에 부담이 크지만
가족은 한마음이 되어 몬돌이를 지원하자고 의기투합한다
(건강, 원하는 대학 합격……)

나 또한 건강을 생각하고 꼭 승진하여
자랑스런 아빠가 되고자 노력한다.
(건강, 승진, 강원도 복귀, 멋진 집 짓기, 나무농사 잘……)

우리 가족의 꿈이 꼭 이루어지리라 확신하며
기도한다, 후회하지 않는 삶에 대하여

2018. 1. 1. 새해에

소리봉 아래

조선 7대 임금
세조世祖의 숨결이 살아있는
소리봉 아래 광릉에는
산림교육원이 있다

임업인의 세상을 바꾸어 주는
산림교육 꿈의 산실이다

춘하추동春夏秋冬
밝은 눈과 총명한 머리를 흔들며
한국 산림의 미래를 심어주는 터

세조世祖 임금은 어렸고 힘든 과정을 거쳐 왕王이 되어서도
하루도 편안한 날이 없었다고 한다
그러나 6조를 부활하고, 북방토벌, 둔전屯田제
그리고 집현전 정비로 경국대전經國大典 등
많은 책을 편찬한 치적도 많다

누구나 항상 힘들고 어렵다 하지만
소리봉이 속삭이듯
희망을 갖고
꿈을 꾸며 살아가자

2020. 1. 28. 교육 첫날이네

대한大寒이 집을 지나

대한大寒이가 소한小寒이네 집에
놀러왔다 얼어 죽었다는
할머니의 옛 이야기

올해는 소한이네나 대한이네나
춥지 않아 얼어 죽은 놈이 하나도 없어
까마귀도 먹을 것이 없다 한다

대한이네 집도 지나
사나흘 지나면 입춘이 집인데

하느님이
힘들고 어려워 따스한 방이 필요한
서민을 배려한 것이라 한다

서민만을 지나치게 배려하다 보니
옛 선인들 말씀이 나라가 망하는
길이라 하던데

아 -
자연의 순리에 맞게 살아보자

2020. 01. 29.

꼭두

당신의 오늘과 내일을
연결하는 안내자
난, 꼭두

오늘 울 수도 없는
난, 꼭두
내일 웃을 수도 없는
난, 꼭두

오늘 이별의 아쉬움
내일 만남의 즐거움
꼭두는
웃어야 하나
울어야 하나……!

당신의 두 세상
꼭두는 바라본다

꼭두는
언제나 당신을 사랑하니까?

2020. 2. 27. 오후에 꼭두미술관

꼭두를 아시나요

나 꼭두는
컴컴하고 침침하고
마을 귀퉁이 한적한 곳집에 대기중이란다

내가 밝은 빛을 보는 날은
당신이 이승을 떠나 저승을 갈 때
길동무를 하는 친구야

당신이 가는 길
음식 꼭두
춤 꼭두
노래 꼭두……

꼭두 우리 형제의
얼굴은 모두 다르지

꼭두는
웃지도 울지도 못하지만
따스한 마음을 가지고 있어

꼭두는 오늘도 내일도
당신의 행복을 두 손 모아 빌고 있단다

2020. 3. 5.

작품해설

산림지기의 고백에서 발견되는
따뜻한 매력

이서연(시인 · 문학평론가)

작품 해설

산림지기의 고백에서 발견되는
따뜻한 매력

이서연 시인·문학평론가

숲이라는 철봉에 온 마음을 매달고 온 사람

『적극적 사고방식』의 저자 노만 V. 필의 글에서 어느 곡예사의 얘기를 본 적이 있다.

"저 철봉에다 너의 온 마음을 매달아 보아라. 그럼 너의 몸도 매달릴 것이다."

이 곡예사의 말이 인상적이었던 것은 삶은 우리가 마음 먹고 결정하는 활동으로 이뤄져 있음을 깨닫게 해주기 때문이었다.

오래전, 학교 운동장에 가면 여러 개의 철봉에 각자의 몸짓으로 매달리는 남자들을 볼 수 있었다. 철봉은 누구에게나 다른 형식으로 존재한다. 마음을 매달아 온몸을 다해 살아온 사람들은 어렵지 않게 그 철봉을 이해한다.

인생은 내가 원하는 것이 아니었다 해도, 결국 그 일은 내 결정에 의한 것이다. 억지의 상황이었어도 내가 결정한 것이 아니라면 이뤄질 수 없었을 것이다.

  숲이라는 철봉에 온 마음을 매달고 살아온 사람이 있다.
  남해인. 충주국유림관리소장인 그는 스스로 '산림간수'라고 칭하며 숲으로 출근하며 살아온 인생을 메모했고, 가지치기 하나 하지 않은 채 자연적으로 우러나온 언어를 그대로 간직하고 있었다. 그가 숲이라는 철봉에서 열정적으로 무엇을 했을지 엿볼 수 있는 메모들이 이제 시집의 형식으로 엮어져 나온다.
  "숲으로 출근하는 남자"라는 제목을 선택한 것은 그의 철봉은 숲이었고, 그 숲에 온 마음을 매달아 살아온 사람이기 때문이다.

  이 시집은 총 4부로 구성되어 있다. 1부는 계절별 단상을 메모한 것으로 자연이 삶에 어떻게 스며 있는가를 보여 주고, 2부는 나무와 숲, 자연에서 얻은 인생관과 깨달음을 정리한 것이다. 3부는 산불, 산사태, 병해충와 뜨거운 사투를 벌였던 사건 속에서 밤잠을 이룰 수 없던 고통과 단상을 모았고, 4부는 숲과 인생이 조화를 이루며 살아야 한다는 상생을 주제로 하고 있다.

  남해인은 정식으로 등단한 작가는 아니지만 산림문학의 초창기 멤버로서 꾸준히 자신의 생각을 정리해 발표한 바 있다. 이것은 세 가지 측면에서 의미가 있다.
  첫째, 우선 그는 산림지기로서 솔직하고 담백한 성격의 매력을 서슴없이 보여 주었다는 데 의미가 있다.

숲을 가꾸는 일에 평생을 바쳐 온 존재로서 그 사명감을 어떻게 받아들이고 펼쳐왔는가를 글로 표현했기에 담백한 시에서 진솔한 마음과 성실한 삶의 면면들을 볼 수 있다. 시 편편마다 진지하게 자연을 대하면서 경외하는 마음, 그 자연을 지키고 가꾸는 일에 대한 사명감과 자부심이 느껴진다. 우직하면서 든든한 성품으로 아름다운 강산을 가꾸고 잘 지켜왔음을 볼 수 있기에 글은 작가 본인뿐 아니라 읽는 이에게도 숲과 함께 살아온 이의 내면을 이해하는데 도움이 된다.

둘째는 그의 삶이 역사라는 점을 보여 주었다는 데 의미가 있다. 역사는 중요한 사건만 정리되는 것이 아니다. 한 사람의 인생도 역사다. 물론 그 역사를 기록하지 않으면 한 세대 흐른 뒤 잊혀지지만 기록으로 남겨졌을 때 그 기록의 의미도 남는다. 누구나 그 삶을 살펴보면 사회적, 환경적, 관계적 인드라망을 형성하고 있다. 내 의지나 의식과 관계없이 어디서 어떻게 만날지 모르지만 인연은 어떤 방식으로든 만나 서로 스며든다. 따라서 의식하든 하지 않든 인연과 인연은 만나게 되며, 인연과 인연이 만나 일어나는 일들이 역사다. 누구나 마음으로는 인생을 메모한다. 그것이 글로 표현되어 나오면 여러 사람들과 그 역사를 나누고 공감을 이루게 된다. 한 사람의 역사를 공감하는 사람들과 나누는 일은 다시 중요한 일을 만들 수 있다. 따라서 삶을 기록하는 건 매우 중요하다.

세 번째, 글을 발표하는 것은 마음으로만 인생을 메모하는 이들에게 자극을 줄 수 있다는 것에 의미가 있다.

이 의미는 등단 작가가 아닌 이들에게 매우 중요하다. 글 쓰는 것을 어렵게 생각하는 사람이 많다. 어렵기도 하지만 귀찮게 여기는 사람들이 더 많을 수 있다. 그러나 남 소장의 글을 보면 소소한 얘기가 시가 되고, 상생의 활력이 될 수 있음을 엿볼 수 있어서 그동안 마음 속으로만 자신의 인생을 메모하다가 지우곤 했던 이들에게 자극이 될 수 있다고 본다. 글은 작가여야만 쓰는 것이 아니므로 누구나 글쓰기를 해 보라고 권한 것은 마음에 있는 생각을 한 줄 메모하는 순간부터 자신의 마음은 평온한 호수를 산책하는 기분을 갖을 수 있기 때문이다. 그만큼 글쓰기는 정신 건강에 좋다. 그것을 누군가와 공유를 할 때 공감하는 사람이 생긴다. 글은 공감하는 사람에게도 좋은 영향을 준다. 그리고 글을 쓴다는 것이 어려운 것이 아니고 스스로 생각을 정리하고 보다 나은 삶에 도움을 준다는 것을 경험하게 된다. 이런 점에서 남 소장이 비록 등단 작가는 아니지만 진술하게 자신의 삶을 언어로 표현해 오고 그것을 이렇게 책으로 엮어서 세상에 내놓는 것은 의미와 가치가 있는 것이다.

숲과 삶 사이에서 피어난 열정적 자아

진지한 주제를 어떤 시각에서 풀어가느냐는 작가의 가치관에 따라 다르다. 그 시각은 인생의 관점이면서 문학을 대하는 자세이기도 하다. 1949년 노벨문학상 수상자인 미국 작가 윌리엄 포크너는 "문학은 인간이 어떻게 극복하고 살아가는가를 가르친다"는 말로서 문학의 역할과 의미를 표현한 바 있다. 남 소장의 글은 숲으로 출근하는 남자로서 숲과 자신의 삶이 어떻게 연결되어 있는가를 보여 주고 있다. 우리는 그 글에서 그의 열정과 성실을 읽을 수 있다. 몇 작품을 감상해 보고자 한다.

묘시, 출근길
치악산에 걸쳐진
쌍무지개

밑그림으로 해님이
위로는 구름이
무지개 사이엔 비님이 뿌려진다

덩달아
웃음, 행복 그리고 희망이 꽃 피는
걸음 걸음

꿈을 꾸듯 길을 걷는다
무지개가 건네주는 메시지
속가슴에 새기며

-「묘시卯時, 무지개」전문

이 시 끝엔 "2019. 7. 8. 새벽 5시 50분쯤"이라는 꼬리말이 달려 있다. 그 시간이 묘시卯時다. 그 새벽은 새로 무엇을 시작하려고 몸과 마음을 깨우는 시간이기도 하지만 번잡한 일, 막힌 인간 관계, 헛된 감정들을 지워 버리고 잠시 자유로움을 누릴 수 있는 시간이다. 화자는 그런 시간에 치악산에 걸쳐진 쌍무지개를 보았다. 숲으로 출근하는 길에 마주친 쌍무지개의 아름다움에 감탄하며, 웃음과 행복 그리고 희망이 꽃피는 기분을 느끼고 있다. 그리고 무지개가 건네주는 메시지를 속가슴에 새기며, 꿈을 꾸듯 길을 걷고 있다. 새벽의 신선한 기운도 느껴지는 작품이지만 무엇보다 생동감이 있다. 쌍무지개의 아름다움을 생생하게 표현하기 위해 "밑그림으로 해님이", "위로는 구름이", "무지개 사이엔 비님이 뿌려진다"와 같이 구체적인 사물을 묘사하는 표현으로 "덩달아 웃음, 행복 그리고 희망이 꽃 피는"과 같이 감정에 공감하게 한다. 생동감있는 표현이 주는 힘이라 할 수 있다.

또한 쌍무지개를 통해 희망과 행복의 메시지를 전달하고 있다. 작가는 쌍무지개의 상징성을 받아들이며 하루를 시작하는 힘을 얻고, 이를 표현함으로써 우리에게도 그 기운을 전달하고 있다. 결국, 쌍무지개가 건네주는 메시지를 긍정적으로 받아들이고 하루를 시작하는 힘을 얻는 화자의 기분에 공감하게 된다.

깊은 산 속

새벽을 여는 소리에

귀 기울여 본다

바람소리

물소리

새소리……

또 하나 바스락 바스락

나의 발자국 소리가

새벽을 연다

숲길을 거니는데

누가 부르는 소리가 귓전을 맴돈다

바람이 전해주는 그 새벽 소리는

- 사랑해

아내의 목소리

또 하나 새벽의 소리는

무거운 어둠을 뚫고 나오는 해님의 소리

힘찬 기지개를 펼치는 그 소리는

살며시 눈을 감고 들어야 들린다

-「새벽을 여는 소리」전문

　이 시는 "2009. 1. 17. 새벽 두타산휴양림 산책로에서"라는 꼬리말이 있다. 어느 산, 어느 숲을 들어가더라도 새벽 산행은 오롯하게 자신의 내면으로 들어가게 한다. 깊은 산속의 새벽은 바람소리, 물소리, 새소리 등 자연의 소리가 그 어느 음악보다 정신을 힐링시키는 소리며, 소리가 고요를 매우 고요롭게 한다. 그 와중에 화자는 자신의 발자국 소리가 새벽을 열고 있다고 생각하고 있다. 중요한 것은 그 순간, 누군가 부르는 소리가 들린다. 마음을 기울여 들어본 그 소리가 아내의 목소리. 바람이 아내의 사랑을 전해주고 있음을 온몸으로 느끼고 있는 것이다.

  산 속의 새벽을 여는 자연의 소리에서 고요와 평화로움을, 내면으로 들리는 아내의 목소리에서 삶의 힘과 용기를 받고 있음으로 잘 표현하였다. 또한 어둠을 뚫고 나오는 해님의 힘찬 기지개 소리까지… 이런 감성을 전하는 숲 사람의 글은 우리가 사랑과 희망을 잃지 않고 살아가는 것이 얼마나 중요한지 다시 한번 생각해 볼 수 있게 한다.

  이 외에도 적막한 아침에 길을 걷다가 힘든 삶을 살아가는 사람들을 보고 그들의 표정에서 느껴지는 인생의 무거움을 통해 그 어떤 고난 속에서도 희망을 갖고자 밝아오는 아침 빛으로 나아가겠다는 메시지를 담은「고요한 아침에」라는 시와 동틀 무렵 두타산 정상에서 본 운해를 본 감상을 담은「두타산 운해」, 맑은 햇살을 퍼지는 것을 보면서 새로운 기운을 얻는「아침 햇살」, 새벽에 시골길을 차를 타고 가다가 갑자기 나타난 아기 고라니로 인해 놀랐던 가슴을 표현한「새벽 안갯길, 아기 고라니」같은 작품 등 등 이른 새벽, 아침을 시간적 배경으로 쓴 작품이 많다. 직업적인 특색이긴 하지만 무엇보다 나무와 숲, 산과 한 몸이 되어 일하며 겪은 일, 관계, 사색, 철학 등을 다룬 시들을 읽으면서 새벽시간이 작품에 많이 나오는 것은 작가의 천성적 부지런함과 긍정적이고 밝고 맑은 생활관을 엿볼 수 있는 부분이라 하겠다.

숲을 지키는 이에게 나무는 피를 나눈 존재

 농부들에게 농사는 직업이지만 농작물을 키울 때 자식을 키우는 것 이상의 정성을 쏟는다. 농사는 정성을 기울인만큼 거둘 수 있는 일이기 때문이다. 그러다 천재지변에 의해 농사를 망칠 때는 마치 자식을 잃은 심정처럼 비통해 한다. 그만큼 농사에 모든 사랑과 피와 땀이라는 투자를 쏟았기 때문이다.

 마찬가지로 숲을 지키는 사람들은 나무와 숲을 피를 나눈 가족 돌보듯 정성을 쏟는다. 답이 없는 나무와도 끊임없이 대화를 하고, 숲에서 들리는 작은 속삭임도 모든 신경을 모아 듣는다. 그러다 산불이나 산사태 등과 같은 문제가 생기면 마치 자신이 잘못한 것인 양 발을 동동 구르고 불속 물속을 거침없이 뛰어 들어가 나무 하나라도, 숲 하나라도 건지려 한다.

 그 심정을 이해하지 못하는 사람들은 그저 나무일 뿐이고, 나무는 또 심으면 되는 것인데 왜 그럴까 하지만 필자는 지금까지 그렇게 생각하는 숲지기, 산지기를 보지 못했다. 산림지기는 말 못하는 나무와는 새벽부터 밤까지, 뜨거운 여름이나 추운 겨울에도 들여다보고 대화를 한다. 나무를 바라보는 눈빛은 다정하고, 숲을 바라보는 눈빛은 그 어느 한 곳도 소홀하지 않으려 예민하다. 정작 비상이 걸린 기간에는 장기간 가족과 떨어져 지내는 날이 많아도 나무와 떨어져 지내는 날이 없고, 가족과의 대화는 무뚝뚝해도 나무, 숲, 산을 대함에 무뚝뚝한 산림지기를 보지 못했다.

그만큼 산림지기에게 나무는 형제요, 가족 같은 의미인 것이다.

백여 년 이 자리에서

세상에 산소를 뿜어주고

녹음과 단풍을 주느라

나의 속이 비어가는 줄 몰랐는데,

어제

폭우와 강풍에 맞서지 못하고

텅 빈 나의 속을 내밀고 말았다

항상 이 자리에서

수많은 폭우와 강풍도 있었지만

당신에게는 나의 모든 것을 주었다

이제 베풀 것이 바닥난 나는 흙으로 돌아가려 한다

오늘 古木에는

까치, 참새, 두더지, 멧돼지, 고라니

아침부터 찾아와 인사를 건넨다

남은 몸뚱이도 자연에게 선사하는

고목의 작별인사

마지막까지 나는 받기만 한다

- 「고목古木, 넘어지다」 전문

이 시의 끝에는 "2021. 6. 25. 소리봉 아래서"라고 기록되어 있다. 어느 곳에서든 고목을 볼 수 있지만 작가 입장에서는 이렇게 작품 끝에 사실성을 기록함으로써 흔적이자 추억을 간직하고자 하는 의미가 있을 것으로 보인다. 시의 소재는 백여 년을 살아온 고목이다. 고목은 세상에 산소를 뿜어주고 녹음과 단풍을 주며 자연의 소중함을 보여주었다. 그러나 폭우와 강풍에 의해 넘어지면서 텅 빈 속을 드러낸다. 이는 자연이 아무리 강하다고 할지라도 자연재해에 의해 무너질 수 있다는 것을 암시해 주고 있다. 또한 고목은 생명의 순환을 보여준다. 고목이 넘어진 후, 까치, 참새, 두더지, 멧돼지, 고라니가 찾아와 인사를 건넨다. 이는 고목이 자연의 일부이며, 고목이 쓰러진 자리에 다른 생명이 태어날 것임을 의미한다. 결국 이 시는 고목을 통해 삶의 의미를 표현한 것이다. "이제 베풀 것이 바닥난 나는 흙으로 돌아가려 한다"는 고목의 말은 우리 삶의 의미를 되새기게 하는 메시지라 할 수 있다.

한편, 숲을 돌면서 만나는 풍경에서 작가는 상상력을 동원한 표현으로 미소와 감동을 주곤 한다. 자연을 마치 자신의 살점, 피톨처럼 여기는 마음이 그 표현 속에 고스란이 녹아 있어서 읽는 동안 흥미와 공감력을 높이고 있다.

넓은 바위 위에는

진녹색의 양탄자가 가득 깔려 있다

그 위에

전나무 삼남매가 나란히 서서

어미나무를 바라보고 있다

바위 위, 이끼 사이로

전나무의 뿌리는 서로 서로

엉키고 설키며 의지한 채

무엇도 원망하지 않고

자연에 순응하며 자라고 있다

이끼가 남겨주는 수분과

바위가 주는 영양분

어미나무 사이 햇살받으며

오늘도 바람을 맞이한다

큰누나 전나무는

동생들을 꼭 잡고

큰 형은 누나와 막내의

손을 꼭 잡아당기고...

누나와 형의

손을 놓지 않으려

애를 쓰는 막내 모습을 보려고

살며시 이끼를 들었다

그 순간

안된다는 아우성 소리가 들리는 듯해

그만 얼른 제자리에 놓고

내 생각이 짧았음을 후회하며

이끼를 손으로 꼭꼭 눌러주고

산을 내려 왔다

- 「바위 이끼 위에 전나무 삼남매」

  이 시를 읽다 보면 바위 위, 이끼 사이로 전나무의 뿌리는 서로서로 엉키고 설키며 의지한 채, 무엇도 원망하지 않고 자연에 순응하며 자라고 있는 모습이 연상된다. 이끼가 남겨주는 수분과 바위가 주는 영양분, 어미나무 사이 햇살을 받으며 오늘도 바람을 맞이하면서 서로가 서로를 의지한 채 지내고 있을 것이다. 큰누나 전나무는 동생들을 꼭 잡고, 큰 형은 누나와 막내의 손을 꼭 잡아당기고... 화자는 누나와 형의 손을 놓지 않으려 애쓰는 막내 모습을 보려고 살며시 이끼를 들었다가 그 순간, 안된다는 아우성 소리가 들리는 듯해 그만 얼른 제자리에 놓고, 자신의 생각이 짧았음을 후회하며 이끼를 손으로 꼭꼭 눌러주고 산을 내려온다. 그런 화자의 모습에서 빙그레 미소를 짓게 된다. 전나무 세 그루가 서로 의지하며 자라는 생명력을 삼남매의 모습으로 상상해 표현했지만 결국 자연의 아름다움과 생명력을 표현하고 있다. 또한 가족의 사랑과 화합을 은유적으로 표현하고 있다. 큰누나와 큰형은 막내를 꼭 잡아주며, 막내는 누나와 형의 손을 놓지 않으려 애를 쓰면서 사는 모습에서 가족의 사랑과 화합을 느끼게 하기 때문이다. 조금 더 살펴보면 자연과 인간의 관계를 보여주기도 한다. 화자는 이끼를 들추려다가 막내의 아우성 소리를 듣고 그만두게 된다. 인간이 자연을 함부로 대해서는 안 된다는 것을 의미한다. 여기서는 자연과 인간의 관계에 대한 경각심도 담겨 있음을 엿볼 수 있다.

이런 작품들을 보면서 산림지기에게 숲과 나무는 피를 나눈 형제, 혹은 영혼을 나누는 관계라는 것을 조금도 의심하지 않게 되고 오히려 생태를 이해하면 할수록 자연으로 가슴으로 이해하고 있음을 알 수 있다. 나무와 숲의 생태적 속성을 이해하면서 그 섭리가 인간이 갖고 있는 생명성과 얼마나 많이 부합되고 있는가를 알기에 산림지기는 나무와 숲을 자신과 피를 나눈 사이처럼 여기는 것이 아닌가 싶다.

현장 속에서 흘린 눈물이 가족의 행복으로 흘러가는 풍경

몇 개의 작품에서도 살펴 보았지만 산림지기는 자연에 대한 사랑과 애정을 바탕으로 산림을 관리한다. 산림의 생태계를 이해하고, 가꾸면서 한편으로는 사람들에게 산림이 제공하는 다양한 혜택을 누릴 수 있도록 노력한다. 즉 산림을 통해 사람들이 자연과 교감하고, 자연의 소중함을 느낄 수 있도록 돕기도 하는 것이다. 그러다보니 산림지기는 산불과 자연재해, 혹은 병으로 나무와 숲을 잃게 되는 것을 가장 두려워 한다.

반짝이는 별이 있는

밤하늘을

산림간수는 미워한다

이슬이라도 오는

그믐달, 검은 밤을

산림간수는 많이 사랑한다

소녀의 마음처럼

초롱초롱한 별밤을 사랑한 시간이 있었는데…

산림간수가 되지 않았다면

별님 향한 사랑의 시를 썼을 텐데….

이제 별 쏟아지는 밤하늘이

산림간수의 눈에는

동짓달 한강 얼음일 뿐이다

- 「별 헤는 밤이 싫어」 전문

이 시는 산림간수로서 산불이 발생할지도 모른다는 생각에 불안감을 느끼고 있음을 표현한 것이다. 산불이 발생하면 얼마나 많은 피해가 있다는 것을 잘 알기에 산불예방에 적극적으로 활동해야 하는 시기에는 맑은 날 밤에도 잠을 이루지 못하고 산불을 대비하고 있음을 알 수 있다. 특히 이 시는 별을 헤아릴 수 있을 만큼 별이 총총총 보이는 맑은 날 밤에는 비가 오지 않는 걸 걱정하는 마음이 담겨 있다. 산림지기가 아니라면 맑은 날 별이 반짝이는 것을 아름답게 여길 수 있고, 아름다운 풍경에 낭만적인 상상을 할 수 있겠지만 산림지기 입장에서는 가을과 겨울, 봄철에 너무 비가 오지 않는 것도 근심 중에 하나다. 오죽하면 "소녀의 마음처럼/ 초롱초롱한 별밤을 사랑한 시간이 있었는데…/산림간수가 되지 않았다면/ 별님 향한 사랑의 시를 썼을 텐데…"라고 하면서 "이제 별 쏟아지는 밤하늘이/ 산림간수의 눈에는 동짓날 한강 얼음일 뿐이다"라고 하였을까. 그 아름다운 별밤을 미워할 수밖에 없는 심경을 담담하게 표현하고 있지만 안타까움이 진하게 느껴진다.

이렇게 아름다운 별밤을 미워하면서까지 산림지기가 지키고자 했던 건 숲이다. 그러나 숲을 지키고자 하는 마음이 결국은 어디로 흘러가는 것일까.

작년 산에 오를 때는

앞에 가섰던 아버지

오늘 산에 오를 때
아버지는 자꾸만 뒤로 처지고
땀을 닦는 횟수가 많아졌다
칠순을 넘기신 아버지의 등줄기가
웬지 슬퍼보인다

아버지는
내게 가장 큰 힘이요 기둥이시라
항상 내 앞에만 계시리란 생각이 잘못일까

늙어가고 계신 것인가
무너지고 계신 것인가

다음에 산을 오를 때에는
아버지가 먼저 올라
나를 기다리면 좋겠다

영원히 나의 희망으로 중심으로

- 「아버지」 전문

 이 시는 아버지의 노화를 마주한 화자의 감정을 표현하고 있다. 작년에는 아버지가 앞장서서 산에 올랐지만, 올해는 뒤로 처지고 땀을 많이 흘리는 모습을 보게 된다. 화자는 아버지의 등줄기가 슬퍼 보이고, 아버지가 늙어가고 무너지고 있는 것이 아닌가 하는 생각에 걱정이 깊다. 화자는 아버지가 항상 앞장서서 자신을 이끌어 주셨던 분이기에 자신의 희망과 중심이라고 생각하고 있다. 하지만 아버지가 노화로 인해 힘들어하는 모습을 보게 되면서, 아버지가 언젠가는 자신의 곁을 떠날 수도 있다는 두려움을 느끼고 있다. 한편, 이 시의 마지막 부분에서 화자는 다음에 산에 오를 때에는 아버지가 먼저 올라 자신을 기다렸으면 좋겠다고 말한다. 아버지가 자신의 곁에 오랫동안 함께 있었으면 하는 바람을 표현한 것이다.

이 시는 모든 자녀들이 아버지에게 느낄 수 있는 감정을 잘 표현하고 있기에 공감력이 높다. 아버지의 노화는 누구나 겪어야 할 자연스러운 과정이지만, 그럼에도 불구하고 그 모습을 마주하는 것은 쉽지 않다. 아버지의 노화를 마주한 우리에게 아버지의 소중함을 다시 한번 생각하게 하는 작품이다.

이 작품 외에 가족을 소재로 쓴 작품이 여러 개다. 이는 산림지기가 새벽부터 별이 총총한 밤까지 예민하게 모든 촉각을 세우고 산과 숲, 나무 지키기에 애쓰는 이유가 결국 사랑하는 가족에 대한 사랑, 행복으로 연결되고 있음을 알 수 있다.

지금까지 산림지기의 고백을 통해 그가 지닌 따뜻한 성품과 삶을 디자인해 나가는 열정적 매력을 발견할 수 있었다. 또한 그의 매력을 발견하는 과정에서 즐거움과 가슴 깊숙한 곳에서 나오는 흐뭇함이 있었다.

이제 그는 숲으로 출근하는 산림지기의 역할에서 떠나게 된다. 제2의 인생은 숲보다는 '사람의 숲'과 '가정'이라는 보금자리로 출근하며 새로운 인생을 디자인해 나갈 것이다. 그는 「새순」이라는 시에서 "겨우내/ 춥고 힘들었던 시간을 잊어버리고/ 온 정열을 다하여 새순을 만들고 있다//새순이 자라/ 숲이 옷을 모두 갈아입으면// 희망의 새날을 향하여/ 커다란 꿈의 바다가/ 숲속에서 펼쳐진다"고 했듯이 그 어느 곳에서든 새 인생의 순을 잘 키워 꿈의 세계를 펼쳐 나갈 것으로 믿는다.

뿐만 아니라 분명히 단언컨대, 인생 2막의 새순을 키우며 꿈의 세계를 펼쳐나가는 과정도 글로 나오리라 믿는다. 산림지기로서의 애환과 사명감, 책임, 그리고 한 인간으로서 갖고 있는 고민과 진심을 진솔하게 보여준 남 소장의 앞날에 진심으로 문운이 가득 깃들길 기원한다.

宗山 남해인 시집
숲으로 출근하는 남자

인쇄일 | 2023년 12월 19일
발행일 | 2023년 12월 22일

지은이 | 남해인
펴낸곳 | 문학의숲
출판등록 | 2021년 7월 14일(제2021-000039호)
주소 | 서울특별시 동대문구 회기로 57 국립산림과학원
전화 | 02-3293-2004
FAX | 02-3293-2071
메일 | kofola@hanmail.net

ⓒ 사단법인 한국산림문학회, 2023
ISBN : 979-11-975359-6-3(03810)

문학의숲은 사단법인 한국산림문학회의 새로운 출판브랜드입니다.